Il Ricet

della Dieta Chetogenica

Guida essenziale per vivere lo stile di vita Keto.
Ricette deliziose per perdere peso, migliroare il
corpo e ritrovare fiducia in se stessi.

Ricettario con ricette gustose e facili per una
vita sana e per perdere peso rapidamente

Jessica Cooper

Indice

Inoltre, la trasmissione, la duplicazione o la riproduzione di una qualsiasi delle seguenti opere, incluse informazioni specifiche, sarà considerata un atto illegale, indipendentemente dal fatto che sia effettuata elettronicamente o su carta. Ciò si estende alla creazione di una copia secondaria o terziaria dell'opera o di una copia registrata ed è consentita solo con l'espresso consenso scritto dell'Editore. Tutti i diritti aggiuntivi sono riservati.

Le informazioni contenute nelle pagine seguenti sono considerate, in linea di massima, un resoconto veritiero e accurato dei fatti e, in quanto tali, qualsiasi disattenzione, uso o abuso delle informazioni in questione da parte del lettore renderà qualsiasi azione risultante esclusivamente di loro competenza. Non esistono scenari in cui l'editore o l'autore originale di quest'opera possa essere in alcun modo ritenuto responsabile per eventuali disagi o danni che potrebbero verificarsi dopo aver intrapreso le informazioni qui descritte.

Inoltre, le informazioni contenute nelle pagine seguenti sono da intendersi solo a scopo informativo e vanno quindi considerate come universali. Come si addice alla loro natura, esse vengono presentate senza garanzie sulla loro validità prolungata o sulla loro qualità provvisoria. I marchi menzionati sono fatti senza il consenso scritto e non possono in alcun modo essere considerati un'approvazione da parte del titolare del marchio.

INTRODUZIONE

La dieta chetogenica è uno dei modi più popolari per perdere peso in modo sano. La dieta è composta da alimenti a basso contenuto di carboidrati e ad alto contenuto di grassi. Questo è il tipo di dieta che è molto utile quando si ha bisogno di perdere peso rapidamente. È possibile seguire questa dieta mentre si è su una dieta di crash per perdere peso dal grasso corporeo in eccesso

Vantaggi della dieta chetogenica

Nella Dieta Ketogenica, si utilizzano elevate quantità di grassi come principale fonte di energia. Ci sono diversi tipi di grassi che vengono utilizzati per questo scopo, ma principalmente sono presenti grassi sani come l'olio di cocco, l'olio di oliva, l'olio di avocado e l'olio di pesce. Le vitamine e i minerali sono forniti anche da verdure e avocado. Le sostanze nutritive essenziali sono essenziali per il metabolismo dei grassi e dei lipidi. La dieta keto riduce la quantità di zucchero e carboidrati che vengono consumati e aumenta l'apporto di proteine. Il corpo quindi utilizza il glucosio immagazzinato per l'energia piuttosto che consumare tutti i grassi e le proteine in entrata che possono causare la perdita di peso.

Il corpo quindi utilizza il glucosio immagazzinato per l'energia piuttosto che consumare tutti i grassi e le proteine in entrata che possono causare la perdita di peso.

Con il KETO DIET COOKBOOKBOOK potete rendere la vostra dieta ancora più facile. Il libro è stato progettato per aiutarvi a perdere peso insegnandovi come preparare pasti a basso contenuto di carboidrati e ad alto contenuto di grassi e proteine.

Il KETO DIET COOKBOOK offre un'ampia varietà di ricette in modo che possiate trovare un'opzione per ogni preferenza di gusto. Il libro include ricette per la colazione, il pranzo, la cena, il dessert e gli spuntini. Le opzioni sono infinite!

Ci sono molti vantaggi nel seguire un KETO DIETA. In precedenza, le persone non mangiavano abbastanza grassi e proteine, quindi avevano difficoltà a perdere peso a causa dello squilibrio dei macronutrienti. Una Dietetica KETO aiuta a risolvere questo problema fornendo il giusto rapporto di macronutrienti, oltre a consentire un minor numero di carboidrati.

Se siete interessati a perdere peso e a tonificare il vostro corpo, o semplicemente volete ridurre l'assunzione di carboidrati e diventare più sani, il Keto Diet Cookbook vi aiuterà a fare il primo passo verso i vostri obiettivi.

Preparatevi a perdere peso! La dieta KETO sta rivoluzionando il modo in cui guardiamo alla perdita di peso. Non stiamo parlando di una dieta di moda. Stiamo parlando di un piano tutto naturale che si basa su cibi di alta qualità e a basso contenuto di carboidrati.

La dieta KETO ha dimostrato di aiutare le persone a perdere peso. Infatti, uno studio ha scoperto che la dieta KETO ha aiutato le persone a perdere il 25% del loro peso corporeo in sole 24 settimane! Un altro studio di 6 mesi ha scoperto che la dieta KETO è stata più efficace di una simile dieta ipocalorica in termini di perdita di peso. E, ancora un altro studio ha trovato che era la dieta più efficace per ridurre la percentuale di grasso corporeo rispetto ad altre diete popolari.

La dieta KETO offre un piano alimentare denso di nutrienti che non si basa sul conteggio delle calorie o dei carboidrati. È un modo naturale per il vostro corpo di bruciare i grassi per il carburante e di regolare i livelli di insulina. È anche un modo delizioso per perdere peso perché ti permette di mangiare tutto il cibo che vuoi senza sentirti affamato!

COLAZIONE

Frittelle alla banana verde

Tempo di preparazione: 20 minuti

Tempo di cottura: 15 minuti

Porzioni: 4

INGREDIENTI:

- 2 grandi banane pelate
- 2 uova
- 6 cucchiai di farina di cocco
- 2 cucchiaini di farina di manioca o amido di radice di freccia
- Pizzica il sale
- ¼ di cucchiaino di stevia in polvere
- 1 cucchiaio di lievito in polvere
- Burro d'erba all'olio di cocco

DIREZIONI:

1. Passate la banana in purea fino a quando non sarà liscia.
2. Mescolare la farina di cocco, la stevia, la radice di freccia o di manioca, il bicarbonato di sodio e il

pizzico di sale in una ciotola per ottenere un impasto in polvere.

3. Sbattere leggermente l'uovo in una piccola ciotola, poi versarlo nella banana, mescolare bene.
4. Poi aggiungere la miscela di polvere. Se il composto è troppo denso, aggiungere un po' d'acqua con un cucchiaio per renderlo leggermente sottile; non bagnare troppo.
5. Preriscaldare una padella con burro, ghee o olio.
6. Versare la pastella nella padella con un cucchiaio.
7. Quando è dorata dall'alto, capovolgerla, cuocerla fino a farla dorare e portarla fuori su un piatto. Servire caldo.

NUTRIZIONE: Calorie: 224 kcal Colesterolo: 224mg Grassi totali: 32g Carboidrati totali: 5g

Pane ai frutti di bosco

Tempo di preparazione: 15 minuti

Tempo di cottura: 0 minuti

Porzioni: 3

INGREDIENTI:

- 2 tazze di crema al cocco
- 2 once di fragole
- 1 oncia e mezza di mirtilli
- 1 oncia e mezza di lamponi
- ½ cucchiaino di estratto di cocco

DIREZIONI:

1. Tagliare tre dadi di ogni bacca in piccoli pezzi separatamente.
2. Frullare le fragole, i mirtilli e i lamponi rimasti in un frullatore fino ad ottenere un composto omogeneo.
3. Mescolare l'estratto di cocco e la crema di cocco.
4. Frullare di nuovo fino a lisciatura, e poi aggiungere i frutti di bosco tagliati a dadini.
5. Servire fresco.

NUTRIZIONE: Calorie: 285 kcal Grassi totali: 18g Carboidrati totali: 5,5g Proteine: 6,8g

Pane al cioccolato

Tempo di preparazione: 15 minuti

Tempo di cottura: 1 minuto

Porzioni: 3

INGREDIENTI:

- 4 tazze di crema dolce
- 2 once di olio di cocco
- 3 once di cioccolato
- 1 cucchiaino di estratto di cocco
- 1 cucchiaio di cacao in polvere
- Arachidi (opzionale)

DIREZIONI:

1. Mettete la panna dolce in una ciotola da forno a microonde e riscaldate per 10-15 secondi
2. Aggiungere l'olio di cocco e mescolare, quindi mescolare il cioccolato e il cacao in polvere. Mescolare bene
3. Riscaldare la miscela nel microonde per qualche minuto
4. Quando fa caldo, se volete, potete aggiungere le arachidi
5. Versare le ciotole del frigorifero e raffreddare
6. Servire come si desidera

NUTRIZIONE: Calorie: 257 kcal Grassi totali: 19g Carboidrati totali: 7,5g Proteine: 11,8g

Cereali alla mandorla Keto

Tempo di preparazione: 20 minuti

Tempo di cottura: 5 minuti

Porzioni: 3

INGREDIENTI:

- 3 tazze di fiocchi di cocco non zuccherato
- 1 tazza di mandorle a fette
- ¾ cucchiaio di cannella
- ¾ cucchiaio di noce moscata

DIREZIONI:

1. Preriscaldare il forno a 250°F
2. Mescolare le mandorle e i fiocchi di cocco, quindi aggiungere la noce moscata e la cannella. Mescolare bene
3. Stendere la miscela di dadi su una teglia da forno e cuocere per 3-5 minuti
4. Togliere quando è leggermente marrone
5. Da gustare con il latte

NUTRIZIONE: Calorie: 104 kcal Grassi: 15g Carboidrati: 4g Proteine: 5g

Cereali Keto Granola

Tempo di preparazione: 30 minuti

Tempo di cottura: 5 minuti

Porzioni: 3

INGREDIENTI:

- 1 tazza di semi di lino
- Un grande uovo
- 1 tazza Mandorle
- 1 tazza Nocciole
- 1 tazza di Pecan
- 1/3 tazza Semi di zucca
- 1/3 tazza Semi di girasole
- 1/4 di tazza di burro fuso o di olio di cocco o di ghee per l'assenza di latticini
- 1 cucchiaino di estratto di vaniglia

DIREZIONI:

1. Preriscaldare il forno a 370°F e foderare i teglie con cera o carta pergamena.
2. Pulite le mandorle e le nocciole in un robot da cucina ad intermittenza fino a quando non vengono tritate in pezzi più piccoli e più grandi, poi aggiungete le noci pecan e tritatele di nuovo in pezzi più piccoli e più grandi. In seguito aggiungerete le noci pecan perché sono più morbide

3. Aggiungere i semi di zucca, i semi di girasole, i semi di girasole e i semi di lino, e pulsare fino a quando tutto è mescolato bene. Non lavorate troppo; dovreste avere la maggior parte dei semi in forma intatta

4. Sbattere un albume e versarlo nel robot da cucina

5. Poi, frullate insieme il burro fuso e gli estratti di vaniglia in una piccola ciotola e versate uniformemente anche quello nel robot da cucina

6. Pulsare di nuovo per mescolare bene fino a quando non si combina in forma di farina grossolana e pezzi di noce, e tutto dovrebbe essere un po 'umido dal bianco d'uovo e burro.

7. Trasferire il composto nella teglia preparata, pressando uniformemente, cuocere per 15-18 minuti, o fino a quando non sarà leggermente rosolato dai bordi.

8. Lasciatelo raffreddare e poi fatelo a pezzi.

NUTRIZIONE: Calorie: 441 kcal Grassi: 40g Carboidrati: 4g Proteine: 16g

Cereali alla frutta Keto

Tempo di preparazione: 20 minuti

Tempo di cottura: 5 minuti

Porzioni: 3

INGREDIENTI:

- 1 tazza di fiocchi di cocco
- ½ tazza di fragole a fette
- ¼ di tazza di lamponi a fette

DIREZIONI:

1. Preriscaldare il forno a 300°F.
2. Preparare una teglia con carta pergamenacea
3. Tagliare le bacche in piccoli pezzi.
4. Stendere i fiocchi di cocco sulla teglia, cuocere per 5 minuti fino a farli rosolare dai bordi.
5. Togliete i cereali al forno al cocco, lasciateli raffreddare.
6. Poi aggiungere i lamponi a fette e le fragole.
7. Da gustare con latte di mandorla.

NUTRIZIONE: Calorie: 201 kcal Grassi: 44g Carboidrati: 4g Proteine: 19g

Keto Chicken e Avocado

Tempo di preparazione: 20 minuti

Tempo di cottura: 5 minuti

Porzioni: 1

INGREDIENTI:

- 6 pezzi di pollo disossato di medie dimensioni.
- 1 avocado
- 2 uova
- Keto Mayo
- Sale
- Pepe
- Aglio macinato
- 1/8 di tazza di olio d'oliva

DIREZIONI:

1. Morbide bollire 2 uova, e tagliarle a metà, in modo da avere quattro pezzi.
2. Mettete i condimenti in una ciotola e mescolate bene.
3. Cospargeteli generosamente sui pezzi di pollo, copriteli e lasciateli riposare per 5 minuti.
4. Scaldare l'olio d'oliva in una padella e friggere il pollo fino a cottura, toglierlo dalla fiamma e metterlo da parte.
5. Togliete la buca dai dadi di avocado a metà e metteteli da parte.

6. Cospargere un po' di sale sugli avocado (facoltativo).

7. Spalmare la maionese sul pollo (opzionale).

8. Su un piatto, mettete le uova, il pollo e l'avocado. Gustate caldo.

NUTRIZIONE: Calorie: 441 kcal Grassi: 64g Carboidrati: 9g Proteine: 23g

Frittella alle mandorle Keto

Tempo di preparazione: 30 minuti

Tempo di cottura: 10 minuti

Porzioni: 1

INGREDIENTI:

- 1 ½ tazza di farina di mandorle
- 3 cucchiaini di lievito in polvere
- 1 cucchiaino di sale
- 1 cucchiaio di stevia
- 1 ¼ di tazza di latte di mandorla
- 1 uovo
- 3 cucchiai di ghee fuso
- 2 cucchiaini di olio d'oliva

DIREZIONI:

1. Mettere ad asciugare gli ingredienti e mescolare.
2. In un'altra ciotola, mescolate insieme l'uovo, il ghee e il latte.
3. Mescolare gli ingredienti secchi con gli ingredienti umidi, frullare bene, fino a quando non si formano grumi.
4. Scaldare una padella e versare nella padella l'olio d'oliva un cucchiaino alla volta per ogni frittella.
5. Versare la pastella e rosolare ogni lato in modo uguale.
6. Servire caldo.

NUTRIZIONE: Calorie: 430 kcal Grassi: 19g Carboidrati: 3g Proteine: 21g

Polpette Keto

Tempo di preparazione: 30 minuti

Tempo di cottura: 20 minuti

Porzioni: 3

INGREDIENTI:

- 11 uova
- 7 once di mozzarella
- 4 once di pancetta cotta e tritata
- 3 scalogni tritati
- 1 oncia di carne macinata
- Sale
- Pepe
- Un cucchiaino di olio d'oliva

DIREZIONI:

1. Preriscaldare il forno a 350°F e ingrassare la teglia per muffin con olio.
2. Mettete gli scalogni in modo uniforme nel barattolo sul fondo.
3. In una ciotola, mescolare le uova e aggiungere un cucchiaino d'olio.
4. Aggiungere il formaggio, sale e pepe a piacere. Mescolare bene.
5. In un'altra ciotola, mescolare la pancetta e il pollo.

6. Aggiungere questo composto di carne al formaggio e mescolare bene fino ad ottenere un composto omogeneo.

7. Versare il composto nella teglia per muffin e cuocere per 17-20 minuti.

8. Servire caldo.

NUTRIZIONE: Calorie: 632 kcal Grassi: 43g Carboidrati: 15g Proteine: 49g

Uova strapazzate Keto

Tempo di preparazione: 10 minuti

Tempo di cottura: 5 minuti

Porzioni: 41

INGREDIENTI:

- 3 uova
- 1 oncia ghee
- Sale e pepe

DIREZIONI:

1. Sbattere le uova, poi aggiungere sale e pepe a piacere. Mescolare bene.
2. Scaldare l'olio in una padella e versare il composto di uova e rimescolare fino a quando non si cuociono le uova.
3. Servire caldo.

NUTRIZIONE: Calorie: 148 kcal Grassi: 15g Carboidrati: 1.3g Proteine: 12g

PRINCIPALI

Manzo con spaghetti al cavolo

Tempo di preparazione: 5 minuti

Tempo di cottura: 18 minuti

Dosi: 2

INGREDIENTI:

- 4 oz di carne macinata
- 1 tazza di cavolo tritato
- 4 oz di salsa di pomodoro

- ½ cucchiaino di aglio tritato
- ½ tazza d'acqua
- Stagionatura:
- ½ cucchiaio di olio di cocco
- ½ cucchiaino di sale
- ¼ cucchiaino di condimento italiano
- 1/8 cucchiaino di basilico essiccato

DIREZIONI:

1. Prendete una padella, mettetela a fuoco medio, aggiungete l'olio e quando sarà calda, aggiungete la carne di manzo e fate cuocere per 5 minuti fino a quando non sarà ben rosolata.

2. Nel frattempo, preparate il cavolo e per esso tagliate il cavolo a fettine sottili.

3. Quando la carne di manzo è cotta, aggiungere l'aglio, condire con sale, basilico e condimento italiano, mescolare bene e continuare la cottura per 3 minuti fino a cottura completa.

4. Versare la salsa di pomodoro e l'acqua, mescolare bene e portare il composto ad ebollizione.

5. Quindi ridurre il calore a un livello medio-basso, aggiungere il cavolo, mescolare bene fino a quando il cavolo non è ben mescolato e far bollire a fuoco lento per 3-5 minuti fino a quando il cavolo non si ammorbidisce, coprendo la padella.

6. Scoprire il tegame e continuare a far bollire a fuoco lento la carne di manzo fino a quando la maggior parte del liquido di cottura non sarà evaporato.

7. Servire.

NUTRIZIONE: 188,5 Calorie; 12,5 g di grassi; 15,5 g di proteine; 2,5 g di carboidrati netti; 1 g di fibre;

Arrosto di manzo e mozzarella

Tempo di preparazione: 5 minuti

Tempo di cottura: 0 minuti;

Dosi: 2

INGREDIENTI:

- 4 fette di arrosto di manzo
- ½ oncia di lattuga tritata
- 1 avocado, snocciolato
- 2 oz di mozzarella, a cubetti
- ½ tazza di maionese
- Stagionatura:
- ¼ di cucchiaino di sale
- 1/8 cucchiaino di pepe nero macinato
- 2 cucchiai di olio di avocado

DIREZIONI:

1. Togliete la carne dall'avocado e dividetela uniformemente tra due piatti.

2. Aggiungere fette di arrosto di manzo, lattuga e formaggio, quindi cospargere di sale e pepe nero.

3. Servire con olio di avocado e maionese.

NUTRIZIONE: 267,7 Calorie; 24,5 g di grassi; 9,5 g di proteine; 1,5 g di carboidrati netti; 2 g di fibre;

Manzo e broccoli

Tempo di preparazione: 5 minuti

Tempo di cottura: 10 minuti;

Dosi: 2

INGREDIENTI:

- 6 fette di arrosto di manzo, tagliate a strisce
- 1 scalogno, tritato
- 3 oz di cimette di broccoli, tritate
- 1 cucchiaio di olio di avocado
- 1 cucchiaio di burro, non salato
- Stagionatura:
- ¼ di cucchiaino di sale
- 1/8 cucchiaino di pepe nero macinato

- 1 ½ cucchiaio di salsa di soia
- 3 cucchiai di brodo di pollo

DIREZIONI:

1. Prendete una padella media, mettetela a fuoco medio, aggiungete l'olio e quando sarà calda, aggiungete le strisce di manzo e fate cuocere per 2 minuti fino a quando sarà calda.
2. Trasferire il manzo in un piatto, aggiungere lo scalogno alla padella, poi aggiungere il burro e far cuocere per 3 minuti fino a quando sarà tenero.
3. Aggiungere gli ingredienti rimanenti, mescolare fino a quando non sono mescolati, passare il calore al livello basso e far bollire a fuoco lento per 3 o 4 minuti fino a quando i broccoli sono teneri.
4. Rimettere la carne di manzo nella padella, mescolare fino a quando non è ben amalgamata e cuocere per 1 minuto.
5. Servire.

NUTRIZIONE: 245 Calorie; 15,7 g di grassi; 21,6 g di proteine; 1,7 g di carboidrati netti; 1,3 g di fibre;

Aglio Arrosto di manzo alle erbe

Tempo di preparazione: 5 minuti

Tempo di cottura: 10 minuti;

Dosi: 2

INGREDIENTI:

- 6 fette di arrosto di manzo
- ½ cucchiaino di aglio in polvere
- 1/3 cucchiaino di timo essiccato
- ¼ cucchiaino di rosmarino essiccato
- 2 cucchiai di burro, non salato
- Stagionatura:

- 1/3 cucchiaino di sale
- 1/4 cucchiaino di pepe nero macinato

DIREZIONI:

1. Preparare la miscela di spezie e per questo, prendere una piccola ciotola, mettere l'aglio in polvere, il timo, il rosmarino, il sale e il pepe nero e poi mescolare fino ad ottenere un composto.
2. Cospargere il mix di spezie sull'arrosto di manzo.
3. Prendete una padella media, mettetela a fuoco medio, aggiungete il burro e quando si scioglie, aggiungete l'arrosto di manzo e poi fate cuocere per 5-8 minuti fino a quando non sarà ben dorata e cotta.
4. Servire.

NUTRIZIONE: 140 Calorie; 12,7 g di grassi; 5,5 g di proteine; 0,1 g di carboidrati netti; 0,2 g di fibre;

Germogli Saltare in padella con cavolo riccio, broccoli e manzo

Tempo di preparazione: 5 minuti

Tempo di cottura: 8 minuti;

Dosi: 2

INGREDIENTI:

- 3 fette di manzo arrosto, tritate
- 2 oz di cavoletti di Bruxelles, dimezzati
- 4 oz di cimette di broccoli
- 3 oz cavolo riccio
- 1 cucchiaio e mezzo di burro, non salato
- 1/8 di cucchiaino di scaglie di pepe rosso
- Stagionatura:

- ¼ di cucchiaino di aglio in polvere
- ¼ di cucchiaino di sale
- 1/8 cucchiaino di pepe nero macinato

DIREZIONI:

1. Prendere una padella media, metterla a fuoco medio, aggiungere ¾ cucchiai di burro e quando si scioglie, aggiungere le cimette di broccoli e i germogli, cospargere di aglio in polvere e cuocere per 2 minuti.

2. Condite le verdure con sale e fiocchi di peperoncino, aggiungete il trito di manzo, mescolate fino ad ottenere un composto e continuate la cottura per 3 minuti fino a far rosolare da un lato.

3. Poi aggiungere il cavolo nero insieme al burro rimasto, capovolgere le verdure e cuocere per 2 minuti fino a quando le foglie di cavolo non appassiscono.

4. Servire.

NUTRIZIONE: 125 Calorie; 9,4 g di grassi; 4,8 g di proteine; 1,7 g di carboidrati netti; 2,6 g di fibre;

Padella di manzo e verdura

Tempo di preparazione: 5 minuti

Tempo di cottura: 15 minuti

Dosi: 2

INGREDIENTI:

- 3 oz di spinaci, tritati
- ½ libbra di manzo macinato
- 2 fette di pancetta, tagliate a dadini
- 2 oz di asparagi tritati
- Stagionatura:
- 3 cucchiai di olio di cocco
- 2 cucchiai di timo essiccato

- 2/3 cucchiai di sale
- ½ cucchiaino di pepe nero macinato

DIREZIONI:

1. Prendete una padella, mettetela a fuoco medio, aggiungete l'olio e quando sarà calda, aggiungete la carne di manzo e la pancetta e fate cuocere per 5-7 minuti fino a quando non sarà leggermente rosolata.
2. Aggiungere poi gli asparagi e gli spinaci, cospargere con il timo, mescolare bene e far cuocere per 7-10 minuti fino a cottura completa.
3. Condire la padella con sale e pepe nero e servire.

NUTRIZIONE: 332,5 Calorie; 26 g di grassi; 23,5 g di proteine; 1,5 g di carboidrati netti; 1 g di fibre;

Manzo, pepe e fagiolini saltati in padella

Tempo di preparazione: 5 minuti;

Tempo di cottura: 18 minuti

Dosi: 2

INGREDIENTI:

- 6 oz di carne macinata
- 2 oz di peperone verde tritato
- 4 oz di fagiolini
- 3 cucchiai di formaggio cheddar grattugiato
- Stagionatura:
- ½ cucchiaino di sale

- ¼ di cucchiaino di pepe nero macinato
- ¼ di cucchiaino di paprika

DIREZIONI:

1. Prendere una padella, metterla a fuoco medio, aggiungere la carne di manzo macinata e farla cuocere per 4 minuti fino a quando non sarà leggermente rosolata.

2. Aggiungere quindi il peperone e i fagiolini, salare, la paprica e il pepe nero, mescolare bene e continuare la cottura per 7-10 minuti fino a quando la carne di manzo e le verdure non saranno cotte.

3. Cospargere il formaggio cheddar sulla parte superiore, poi trasferire la padella sotto la griglia e cuocere per 2 minuti fino a quando il formaggio non si è sciolto e la parte superiore è dorata.

4. Servire.

NUTRIZIONE: 282,5 Calorie; 17,6 g di grassi; 26,1 g di proteine; 2,9 g di carboidrati netti; 2,1 g di fibre;

Polpettone al formaggio

Tempo di preparazione: 5 minuti

Tempo di cottura: 4 minuti

Dosi: 2

INGREDIENTI:

- 4 oz di tacchino macinato
- 1 uovo
- 1 cucchiaio di mozzarella grattugiata
- ¼ cucchiaino di condimento italiano
- ½ cucchiaio di salsa di soia
- Stagionatura:
- ¼ di cucchiaino di sale
- 1/8 cucchiaino di pepe nero macinato

DIREZIONI:

1. Prendere una ciotola, mettervi tutti gli ingredienti e mescolare fino ad ottenere un composto.

2. Prendere una tazza a prova di calore, un cucchiaio nel composto preparato e un forno a microonde per 3 minuti a fuoco vivo fino a cottura.

3. Una volta fatto, lasciate riposare il polpettone nella tazza per 1 minuto, poi tiratelo fuori, tagliatelo in due fette e servitelo.

NUTRIZIONE: 196,5 calorie; 13,5 g di grassi; 18,7 g di proteine; 18,7 g di carboidrati netti; 0 g di fibre;

Arrosto di manzo e piatto di verdure

Tempo di preparazione: 10 minuti

Tempo di cottura: 10 minuti;

Dosi: 2

INGREDIENTI:

- 2 scalogni, tagliati in grossi pezzi
- 1 ½ cucchiaio di olio di cocco
- 4 fette sottili di arrosto di manzo
- Miscela di cavolfiore e broccoli da 4 oz
- 1 cucchiaio di burro, non salato
- Stagionatura:
- 1/2 cucchiaino di sale

- 1/3 cucchiaino di pepe nero macinato
- 1 cucchiaino di prezzemolo essiccato

DIREZIONI:

1. Accendere il forno, quindi impostarlo a 400 gradi F e lasciarlo preriscaldare.
2. Prendete una teglia da forno, ungete con olio, mettete su un lato delle fette di arrosto di manzo e aggiungete del burro.
3. Prendete una ciotola a parte, aggiungete il cavolfiore e il broccolo, aggiungete gli scalogni, irrorate con l'olio, condite con il sale rimasto e il pepe nero, saltate fino a ricoprire e poi spalmate le verdure sul lato vuoto della teglia.
4. Cuocere in forno per 5-7 minuti fino a quando la carne di manzo è ben rosolata e le verdure sono tenero-crostose, saltando a metà.
5. Distribuire la carne di manzo e le verdure tra due piatti e poi servire.

NUTRIZIONE: 313 Calorie; 26 g di grassi; 15,6 g di proteine; 2,8 g di carboidrati netti; 1,9 g di fibre;

Piatto di bistecca e formaggio

Tempo di preparazione: 5 minuti;

Tempo di cottura: 10 minuti;

Dosi: 2

INGREDIENTI:

- 1 cipolla verde, tritata
- 2 oz di lattuga tritata
- 2 bistecche di manzo
- 2 oz di formaggio cheddar, a fette
- ½ tazza di maionese
- Stagionatura:
- ¼ di cucchiaino di sale
- 1/8 cucchiaino di pepe nero macinato

- 3 cucchiai di olio di avocado

DIREZIONI:

1. Preparate la bistecca e per questo conditela con sale e pepe nero.

2. Prendete una padella media, mettetela a fuoco medio, aggiungete l'olio e quando è calda, aggiungete le bistecche condite e cuocete per 7-10 minuti fino a cottura al livello desiderato.

3. Al termine, distribuire le bistecche tra due piatti, aggiungere lo scalogno, la lattuga e le fette di formaggio.

4. Bagnate con l'olio rimasto e servite con la maionese.

NUTRIZIONE: 714 Calorie; 65,3 g di grassi; 25,3 g di proteine; 4 g di carboidrati netti; 5,3 g di fibre;

Bistecche all'aglio con rosmarino

Tempo di preparazione: 25 minuti

Tempo di cottura: 12 minuti;

Dosi: 2

INGREDIENTI:

- 2 bistecche di manzo
- 1/4 di calce, succhiato
- 1 cucchiaino e mezzo di aglio in polvere
- ¾ cucchiaino di rosmarino essiccato

- 2 ½ cucchiai e mezzo di olio di avocado
- Stagionatura:
- ½ cucchiaino di sale
- ¼ di cucchiaino di pepe nero macinato

DIREZIONI:

1. Preparare le bistecche, e per questo, cospargere l'aglio in polvere su tutti i lati della bistecca.

2. Prendete un piatto poco profondo, metteteci 1 cucchiaio e mezzo di olio e succo di lime, frullate fino a quando non sono combinati, aggiungete le bistecche, girate per rivestire e lasciate marinare per 20 minuti a temperatura ambiente.

3. Prendere quindi una padella per la piastra, metterla a fuoco medio-alto e ungerla con l'olio rimasto.

4. Condire le bistecche marinate con sale e pepe nero, aggiungere alla piastra e cuocere per 7-12 minuti fino a cottura al livello desiderato.

5. Al termine, avvolgere le bistecche in un foglio di alluminio per 5 minuti, quindi tagliarle a fette attraverso il grano.

6. Cospargere di rosmarino le fette di bistecca e servire.

NUTRIZIONE: 213 Calorie; 13 g di grassi; 22 g di proteine; 1 g di carboidrati netti; 0 g di fibre;

Contorni

Purè di cavolfiore al formaggio con pancetta

Tempo di preparazione: 24 minuti

Tempo di cottura: 16 minuti

Al servizio: 6

INGREDIENTI:

- 6 fette di pancetta
- Cavolfiore a 2 teste, tritato
- 2 tazze d'acqua
- 2 cucchiai di burro, fuso
- ½ tazza di latticello
- Sale e pepe nero a piacere
- ¼ di tazza di formaggio cheddar grattugiato
- 2 cucchiai di erba cipollina tritata

DIREZIONE

1. Preriscaldare il forno a 350ºF. Friggere la pancetta in una padella riscaldata a fuoco medio per 5 minuti fino a quando non sarà croccante. Togliere in un piatto foderato con carta assorbente, lasciare

raffreddare e sbriciolare. Mettere da parte e conservare il grasso della pancetta.

2. Far bollire il cavolfiore in acqua in una pentola a fuoco vivo per 7 minuti fino a quando sarà tenero. Scolatelo e mettetelo in una ciotola. Includere il burro, il latticello, il sale, il pepe e la purea con un frullatore a mano fino ad ottenere un composto liscio e cremoso.

3. Ingrassare leggermente una casseruola con il grasso della pancetta e spalmarvi sopra il purè. Cospargere con formaggio cheddar e mettere sotto la griglia per 4 minuti in alto fino a quando il formaggio non si scioglie. Togliere e coprire con la pancetta e l'erba cipollina tritata. Servire con capesante in padella.

NUTRIZIONE: Per porzione: Kcal 312, Grasso 25g, Carboidrati netti 6g, Proteine 14g

Frittelle di cavolfiore al formaggio

Tempo di preparazione: 25 minuti

Tempo di cottura: 10 minuti

Al servizio: 4

INGREDIENTI:

- 1 libbra di cavolfiore grattugiato
- ½ tazza di parmigiano, grattugiato
- 1 cipolla, tritata
- ½ cucchiaino di lievito in polvere
- ½ tazza di farina di mandorle
- 2 uova
- ½ cucchiaino di succo di limone
- 2 cucchiai di olio d'oliva
- 1/3 cucchiaino di sale

DIREZIONE:

1. Mettere il cavolfiore in una ciotola e condirlo con sale. Aggiungere gli altri ingredienti. Mescolare con le mani per combinare. Mettere una padella a fuoco medio e scaldare l'olio d'oliva. Formare polpettine dalla miscela di cavolfiore. Soffriggere in lotti per circa 3 minuti per lato fino a doratura intorno ai bordi e mettere a cuocere. Servire.

NUTRIZIONE: Per porzione: Kcal 69, Grasso: 4.5g, Carboidrati netti: 3g, Proteine: 4.5g

Tabasco Uova alla diavola

Tempo di preparazione: 10 minuti

Tempo di cottura: 20 minuti

Al servizio: 6

INGREDIENTI:

- 6 uova
- 2 cucchiai di salsa verde tabasco
- ¼ di tazza di maionese
- ¼ cucchiaino di senape in polvere
- ¼ di cucchiaino di paprika affumicata
- Sale a piacere

DIREZIONE:

1. Lessare le uova in acqua salata per 10 minuti. Mettere le uova in un bagno di ghiaccio e lasciarle raffreddare per 10 minuti. Sbucciarle e tagliarle a metà nel senso della lunghezza. Mettere i tuorli in una ciotola e schiacciarli con una forchetta. In una ciotola montate insieme la salsa tabasco, la maionese, il purè di tuorli, la senape in polvere e il sale. Mettete questo composto negli albumi a cucchiaio. Disporli su un piatto da portata e spargerli con paprika affumicata.

NUTRIZIONE: Per porzione: Kcal 178, Grasso: 17g, Carboidrati netti: 5g, Proteine: 6g

Carciofi fritti al limone

Tempo di preparazione: 10 minuti

Tempo di cottura: 10 minuti

Al servizio: 4

INGREDIENTI:

- 12 carciofi freschi
- 2 cucchiai di succo di limone
- 2 cucchiai di olio d'oliva
- Sale a piacere

DIREZIONE:

1. Tagliare i carciofi in verticale in cunei stretti. Scolateli su carta assorbente prima di friggerli. Riscaldare l'olio d'oliva in una padella a fuoco medio. Friggere i carciofi fino a quando non saranno dorati e croccanti. Scolare l'olio in eccesso su carta assorbente. Cospargere con sale e succo di limone.

NUTRIZIONE: Per porzione: Kcal 35, Grasso: 2.4g, Carboidrati netti: 2.9g, Proteine: 2g

Impacchi di pollo all'italiana

Tempo di preparazione: 14 minuti

Tempo di cottura: 6 minuti

Al servizio: 4

INGREDIENTI:

- ¼ di cucchiaino di aglio in polvere
- 8 oz di provolone
- 8 offerte di pollo crudo
- Sale e pepe nero a piacere
- 8 fette di prosciutto

DIREZIONE:

1. Pestare il pollo fino a mezzo pollice di spessore. Condite con sale, pepe nero e aglio in polvere. Tagliare il provolone in 8 strisce. Disporre una fetta di prosciutto su una superficie piana. Mettere 1 pollo tenero sopra.

2. In alto con una striscia di provolone. Arrotolare il pollo e fissarlo con spiedini di legno precedentemente imbevuti. Preriscaldare la griglia in alto. Grigliare gli involucri per 3 minuti per lato. Servire con una crema di formaggio erborinato.

NUTRIZIONE: Per porzione: Kcal 174, Grasso: 10g, Carboidrati netti: 0.7g, Proteine: 17g

Zucchine e peperoni a strati

Tempo di preparazione: 15 minuti

Tempo di cottura: 50 minuti

Al servizio: 6

INGREDIENTI:

- 2 libbre di zucchine, affettate
- 2 peperoni rossi a campana, seminati e tagliati a fette
- Sale e pepe nero a piacere
- 1 ½ tazza di formaggio feta, sbriciolato
- 2 cucchiai di burro, fuso
- ¼ di cucchiaino di gomma xantano
- ½ tazza di panna da montare pesante
- 2 cucchiai di aneto fresco, tritato

DIREZIONE:

1. Preriscaldare il forno a 370ºF. Mettere le zucchine a fette in uno scolapasta sopra il lavandino, cospargerle di sale e lasciarle riposare per 20 minuti. Trasferire su carta assorbente per far sgocciolare il liquido in eccesso.

2. Ungere una teglia da forno con lo spray da cucina e fare uno strato di zucchine e peperoni sovrapposti. Condite con pepe e cospargete con formaggio feta. Ripetere il processo di stratificazione una seconda volta.

3. Unire in una ciotola il burro, la gomma di xantano, il sale e la panna da montare. Mescolare per mescolare completamente e versare sopra le verdure. Cuocere in forno per 30-40 minuti o fino a doratura. Servire cosparso di aneto

NUTRIZIONE: Per porzione: Kcal 264, Grasso 21g, Carboidrati netti 4g, Proteine 14g

Cavolfiore arrosto con prosciutto Serrano e pinoli

Tempo di preparazione: 10 minuti

Tempo di cottura: 20 minuti

Al servizio: 6

INGREDIENTI:

- Cavolfiore a 2 teste, tagliato a fette
- 2 cucchiai di olio d'oliva
- Sale a piacere
- ½ cucchiaino di peperoncino
- 1 cucchiaino di aglio in polvere
- 10 fette di prosciutto serrano, tritato
- ¼ di tazza di pinoli
- 1 cucchiaino di capperi
- 1 cucchiaio di prezzemolo fresco tritato

DIREZIONE:

1. Preriscaldare il forno a 450ºF. Rivestire una teglia da forno con un foglio di alluminio. Spennellare le bistecche di cauli con olio d'oliva e condire con peperoncino, aglio e sale. Distribuire le fette di cauli sulla teglia da forno.

2. Arrostire in forno per 10 minuti fino a quando non sarà tenero e leggermente rosolato. Togliere la sfoglia e cospargere il prosciutto e i pinoli su tutti i cauli. Cuocere in forno per altri 10 minuti fino a

quando il prosciutto è croccante e si percepisce un aroma di nocciole. Togliere, cospargere con capperi e prezzemolo e servire.

NUTRIZIONE: Per porzione: Kcal 141, Grasso 10g, Carboidrati netti 2,5g, Proteine 10g

Palline di formaggio al forno e spinaci

Tempo di preparazione: 10 minuti

Tempo di cottura: 20 minuti

Al servizio: 4

INGREDIENTI:

- 1/3 tazza di ricotta sbriciolata
- ¼ cucchiaino di noce moscata
- ¼ di cucchiaino di pepe nero
- 3 cucchiai di panna pesante
- ½ cucchiaino di aglio in polvere
- ½ cucchiaio di cipolla in polvere
- 2 cucchiai di burro, fuso
- 1/3 di tazza di parmigiano, tritato
- 2 uova
- 1 tazza di spinaci, tritati
- 1 tazza di farina di mandorle

DIREZIONE:

1. Mettere tutti gli ingredienti in un robot da cucina. Lavorare fino a lisciatura. Metteteli nel congelatore e lasciateli riposare per circa 10 minuti. Togliere e fare delle palline dalla miscela. Disporle su una teglia da forno foderata. Cuocere in forno a 350ºF per circa 10-12 minuti. Servire con salsa di pomodoro.

NUTRIZIONE: Per porzione: Kcal 160, Grasso: 15g, Carboidrati netti: 0.8g, Proteine: 8g

Croccanti bastoncini di Zucchine
Croccanti di Maiale

Tempo di preparazione: 5 minuti

Tempo di cottura: 15 minuti

Al servizio: 4

INGREDIENTI:

- ¼ di tazza di cotenna di maiale in briciole
- 1 cucchiaino di paprika dolce
- ¼ di tazza di parmigiano, tritato
- Sale e peperoncino a piacere
- 3 uova fresche
- 2 zucchine, tagliate a strisce
- ½ tazza di maionese
- 1 spicchio d'aglio tritato
- Succo e scorza di ½ limone

DIREZIONE:

1. Preriscaldare il forno a 425°F. Rivestire una teglia da forno con un foglio di alluminio. Mescolare in una ciotola le cotenne di maiale, la paprika, il parmigiano, il sale e il peperoncino. Sbattere le uova in un'altra ciotola. Mettere le zucchine a strisce nelle uova, poi nel composto di parmigiano e disporre sulla teglia. Ungere con lo spray da cucina e cuocere

in forno per 15 minuti fino a quando non diventano croccanti.

2. In una ciotola, unire la maionese, il succo di limone e l'aglio e mescolare delicatamente fino ad incorporare il tutto. Aggiungere la scorza di limone e mescolare di nuovo. Servire le strisce di zucchine con la maionese all'aglio.

NUTRIZIONE: Per porzione: Kcal 180, Grasso 14g, Carboidrati netti 2g, Proteine 6g

Cracker al parmigiano con guacamole

Tempo di preparazione: 5 minuti

Tempo di cottura: 5 minuti

Al servizio: 4

INGREDIENTI:

- 1 tazza di parmigiano reggiano grattugiato
- ¼ di cucchiaino di paprika dolce
- ¼ di cucchiaino di aglio in polvere
- 2 avocado morbidi, snocciolati e raccolti
- 1 pomodoro, tritato
- Sale a piacere

DIREZIONE:

1. Preriscaldare il forno a 350ºF. Rivestire una teglia con carta pergamenacea. Mescolare parmigiano, paprika e aglio in polvere. Mettere 8 cucchiaini di cucchiaino sulla teglia da forno, creando spazi tra ogni tumulo. Appiattire i tumuli. Cuocere per 5 minuti, raffreddare e togliere in un piatto.

2. Per fare il guacamole, schiacciare l'avocado con una forchetta in una ciotola, aggiungere il pomodoro e schiacciare fino a renderlo più liscio. Condite con sale. Servire i cracker con il guacamole.

NUTRIZIONE: Per porzione: Kcal 229, Grasso 20g, Carboidrati netti 2g, Proteine 10g

Uova alla diavola con Sriracha Mayo

Tempo di preparazione: 5 minuti

Tempo di cottura: 10 minuti

Al servizio: 4

INGREDIENTI:

- 8 uova grandi
- Bagno di acqua ghiacciata
- 3 cucchiai di salsa sriracha
- 4 cucchiai di maionese
- Sale a piacere
- ¼ di cucchiaino di paprika affumicata

DIREZIONE:

1. Lessare le uova in acqua salata in una pentola a fuoco vivo, quindi ridurre il calore a bollore per 10 minuti. Trasferire le uova in un bagno di acqua ghiacciata, lasciarle raffreddare completamente e sbucciare i gusci.

2. Tagliate le uova a metà altezza e svuotate i tuorli in una ciotola. Schiacciare con una forchetta e mescolare con la salsa sriracha, la maionese e metà della paprika fino ad ottenere un composto omogeneo. Riempire con un cucchiaio in un sacchetto con un beccuccio rotondo e riempire gli

albumi in modo che siano leggermente al di sopra dell'orlo. Guarnire con la paprika rimasta e servire.

NUTRIZIONE: Per porzione: Kcal 195, Grasso 19g, Carboidrati netti 1g, Proteine 4g

Formaggio di cavolfiore al forno con salsa alla senape

Tempo di preparazione: 2 minuti

Tempo di cottura: 28 minuti

Al servizio: 6

INGREDIENTI:

- Cavolfiore a 2 teste, tagliato in cimette
- ¼ di tazza di burro, fuso
- Sale e pepe nero a piacere
- 1 cucchiaino di fiocchi di pepe rosso
- 1 tazza di crema pesante
- 1 cucchiaino di senape di Digione
- 1 cucchiaio di succo di limone
- 2 cucchiai di scalogno, tritato
- 3 cucchiai di pecorino grattugiato

DIREZIONE:

1. Preriscaldare il forno a 400ºF. Unire in una ciotola i fiocchi di cauli, il burro, il sale, il pepe e i fiocchi di pepe rosso fino a quando non sono mescolati. Disporre i fiocchi di cavolfiore su una teglia da forno. Cospargere con il formaggio pecorino e cuocere per 25 minuti fino a quando il formaggio non si è sciolto e dorato sulla parte superiore.

2. Mescolare la panna pesante e la senape di Digione in una piccola padella a fuoco medio e far cuocere a

fuoco lento per 2-3 minuti. Spegnere il fuoco, salare e pepare e mescolare il succo di limone. Trasferite il cavolfiore in un piatto e metteteci sopra la salsa di senape. Guarnire con gli scalogni e servire.

NUTRIZIONE: Per porzione: Kcal 363, Grasso 35g, Carboidrati netti 2g, Proteine 6g

Germogli di Bruxelles balsamici con prosciutto

Tempo di preparazione: 10 minuti

Tempo di cottura: 30 minuti

Al servizio: 4

INGREDIENTI:

- 3 cucchiai di aceto balsamico
- 1 cucchiaio di eritritolo
- 2 cucchiai di olio d'oliva
- Sale e pepe nero a piacere
- 1 libbra di cavoletti di Bruxelles, dimezzati
- 5 fette di prosciutto crudo, tritato

DIREZIONE:

1. Preriscaldare il forno a 400ºF. Rivestire una teglia con carta pergamenacea. Mescolare in una ciotola l'aceto balsamico, l'eritritolo, l'olio d'oliva, il sale e il pepe nero e combinarli con i cavolini di Bruxelles. Stendere il composto sulla teglia da forno e arrostire per 30 minuti fino a quando sarà tenero all'interno e croccante all'esterno. Sciogliere con il prosciutto, dividerlo in 4 piatti e servirlo con petti di pollo.

NUTRIZIONE: Per porzione: Kcal 166, Grasso 14g, Carboidrati netti 0g, Proteine 8g

Pesce

Insalata di tonno al sesamo

Tempo di preparazione: 35 minuti

Tempo di cottura: 0 minuti;

Dosi: 2

INGREDIENTI

- 6 oz di tonno in acqua
- ½ cucchiaio di pasta all'aglio fresco
- ½ cucchiaio di semi di sesamo nero, tostato

- 2 cucchiai di maionese
- 1 cucchiaio di olio di sesamo
- Stagionatura:
- 1/8 di cucchiaino di scaglie di pepe rosso

DIREZIONI:

1. Prendete una ciotola di media grandezza, con tutti gli ingredienti per l'insalata, tranne il tonno, e mescolate fino ad ottenere una buona combinazione.
2. Ripiegare il tonno fino a quando non viene mescolato e poi mettere in frigorifero per 30 minuti.
3. Servire.

NUTRIZIONE: 322 Calorie; 25,4 g di grassi; 17,7 g di proteine; 2,6 g di carboidrati netti; 3 g di fibre;

Panino al tonno Keto

Tempo di preparazione: 10 minuti

Tempo di cottura: 10 minuti;

Dosi: 2

INGREDIENTI

- 2 oz di tonno, confezionato in acqua
- 2 2/3 cucchiai di farina di cocco
- 1 cucchiaino di lievito in polvere
- 2 uova

- 2 cucchiai di maionese
- Stagionatura:
- 1/4 cucchiaino di sale
- 1/4 cucchiaino di pepe nero macinato

DIREZIONI:

1. Accendere il forno, quindi impostarlo a 375 gradi F e lasciarlo preriscaldare.

2. Nel frattempo, preparare la pastella per questo, aggiungere tutti gli ingredienti in una ciotola, riservando la maionese, 1 uovo, e 1/8 di sale, e poi frullare fino a ben combinati.

3. Prendere una teglia da forno a prova di calore di 4 x 4 pollici, ungerla con l'olio, versare la pastella preparata e cuocere 10 minuti fino a quando il pane non sarà sodo.

4. Nel frattempo, preparate il tonno e per questo, mettete il tonno in una ciotola media, aggiungete la maionese, condite con il sale rimasto e il pepe nero, e poi mescolate fino ad ottenere un composto.

5. Una volta fatto, lasciate raffreddare il pane in padella per 5 minuti, poi trasferitelo su una griglia e raffreddatelo per 20 minuti.

6. Tagliate il pane a fette, preparate dei panini con il composto di tonno preparato, e poi servite.

NUTRIZIONE: 255 Calorie; 17,8 g di grassi; 16,3 g di proteine; 3,7 g di carboidrati netti; 3,3 g di fibre;

Tonno Melt Jalapeno Peperoni

Tempo di preparazione: 5 minuti

Tempo di cottura: 10 minuti;

Dosi: 2

INGREDIENTI

- 4 peperoni jalapeno
- 1 oncia di tonno, confezionato in acqua
- 1 oncia di formaggio cremoso ammorbidito
- 1 cucchiaio di parmigiano grattugiato
- 1 cucchiaio di mozzarella grattugiata
- Stagionatura:
- 1 cucchiaino di sottaceti di aneto tritato

- 1 cipolla verde, parte verde solo a fette

DIREZIONI:

1. Accendere il forno, quindi impostarlo a 400 gradi F e lasciarlo preriscaldare.

2. Preparate i peperoni e per questo, tagliate ogni peperone a metà nel senso della lunghezza ed eliminate i semi e il gambo.

3. Prendete una ciotola piccola, metteteci il tonno, aggiungete gli ingredienti rimanenti tranne i formaggi, e poi mescolate fino ad unirli.

4. Cucchiare il composto di tonno in peperoni, cospargervi sopra il formaggio e poi cuocere per 7-10 minuti fino a quando il formaggio non sarà diventato dorato.

5. Servire.

NUTRIZIONE: 104 Calorie; 6,2 g di grassi; 7 g di proteine; 2,1 g di carboidrati netti; 1,1 g di fibre;

Bombe di grasso di salmone affumicato

Tempo di preparazione: 5 minuti

Tempo di cottura: 0 minuti;

Dosi: 2

INGREDIENTI

- 2 cucchiai di formaggio cremoso, ammorbidito
- 1 oncia di salmone affumicato
- 2 cucchiai di bagel condimento

DIREZIONI:

1. Prendete una ciotola di media grandezza, metteteci crema di formaggio e salmone e mescolate fino a quando non sono ben combinati.

2. Modellare il composto in ciotole, arrotolarle nel condimento per bagel e poi servire.

NUTRIZIONE: 65 Calorie; 4,8 g di grassi; 4 g di proteine; 0,5 g di carboidrati netti; 0 g di fibre;

Rotoli di salmone e cetriolo

Tempo di preparazione: 15 minuti;

Tempo di cottura: 0 minuti;

Dosi: 2

INGREDIENTI

- 1 cetriolo grande
- 2 oz di salmone affumicato
- 4 cucchiai di maionese
- 1 cucchiaino di semi di sesamo
- Stagionatura:
- ¼ di cucchiaino di sale
- ¼ di cucchiaino di pepe nero macinato

DIREZIONI:

1. Tagliate le estremità del cetriolo, tagliatelo a fette con un pelapatate, quindi mettete metà delle fette di cetriolo in un piatto.

2. Coprire con carta assorbente, stratificare con le fette di cetriolo rimaste, coprire con carta assorbente e lasciar riposare in frigorifero per 5 minuti.

3. Nel frattempo, prendete una ciotola media, metteteci il salmone, aggiungete la maionese, condite con sale e pepe nero, e poi mescolate fino a ben amalgamare.

4. Togliete le fette di cetriolo dal frigorifero, mettete il salmone su un lato di ogni fetta di cetriolo e poi arrotolate bene.

5. Ripetere con il cetriolo rimasto, cospargere con semi di sesamo e poi servire.

NUTRIZIONE: 269 Calorie; 24 g di grassi; 6,7 g di proteine; 4 g di carboidrati netti; 2 g di fibre;

Mahi-Mahi avvolto nella pancetta

Tempo di preparazione: 10 minuti

Tempo di cottura: 12 minuti;

Dosi: 2

INGREDIENTI

- 2 filetti di mahi-mahi
- 2 strisce di pancetta
- ½ di calce, zestato
- 4 foglie di basilico
- ½ cucchiaino di sale
- Stagionatura:
- ½ cucchiaino di pepe nero macinato
- 1 cucchiaio di olio di avocado

DIREZIONI:

1. Accendere il forno, quindi impostarlo a 375 gradi F e lasciarlo preriscaldare.
2. Nel frattempo, condire i filetti con sale e pepe nero, ricoprire ogni filetto con 2 foglie di basilico, cospargere con la scorza di lime, avvolgere con una striscia di pancetta e, se necessario, fissare con uno stuzzicadenti.
3. Prendete una padella media, mettetela a fuoco medio-alto, aggiungete l'olio e quando sarà calda,

metteteci i filetti preparati e fate cuocere per 2 minuti per lato.

4. Trasferite la teglia nel forno e cuocete il pesce per 5-7 minuti fino a cottura completa.

5. Servire.

NUTRIZIONE: 217 Calorie; 11,3 g di grassi; 27,1 g di proteine; 1,2 g di carboidrati netti; 0,5 g di fibre;

Pane all'aglio al formaggio con salmone affumicato

Tempo di preparazione: 10 minuti

Tempo di cottura: 1 minuto;

Dosi: 2

INGREDIENTI

- 4 cucchiai di farina di mandorle
- ½ cucchiaino di lievito in polvere

- 2 cucchiai di formaggio cheddar grattugiato
- 1 uovo
- 2 oz di salmone, tagliato a fette sottili
- Stagionatura:
- 1 cucchiaio di burro non salato
- ¼ di cucchiaino di aglio in polvere
- 1/8 di cucchiaino di sale
- ¼ cucchiaino di condimento italiano

DIREZIONI:

1. Prendete una ciotola a prova di calore, metteteci tutti gli ingredienti tranne il formaggio e poi mescolate con una forchetta fino a quando non sarà ben amalgamato.

2. Ripiegare nel formaggio fino a quando non è appena mescolato e poi nel microonde per 1 minuto a fuoco vivo fino a cottura completa, altrimenti continuare la cottura per altri 15-30 secondi.

3. Una volta fatto, tirate fuori il pane, fatelo raffreddare per 5 minuti e poi tagliatelo a fette.

4. Ricoprire ogni fetta con salmone e servire subito dopo

NUTRIZIONE: 233 Calorie; 18 g di grassi; 13,8 g di proteine; 1,9 g di carboidrati netti; 1,5 g di fibre;

Insalata di pasta affumicata al salmone

Tempo di preparazione: 10 minuti

Tempo di cottura: 0 minuti;

Dosi: 2

INGREDIENTI

- 1 zucchina, spiralizzata in tagliatelle
- 4 oz di salmone affumicato, spezzare in pezzi

- 2 oz di formaggio cremoso
- 2 oz di maionese
- 2 oz di panna acida
- Stagionatura:
- 1/3 cucchiaino di sale
- ¼ di cucchiaino di pepe nero macinato
- ¼ di cucchiaino di salsa piccante

DIREZIONI:

1. Prendete una ciotola media, metteteci della crema di formaggio, aggiungete la maionese, la panna acida, il sale, il pepe nero e la salsa piccante e mescolate fino ad ottenere un composto omogeneo.

2. Aggiungere le tagliatelle di zucchine, mescolare fino a quando non sono ben rivestite e poi ripiegare nel salmone fino a quando non sono appena mescolate.

3. Servire.

NUTRIZIONE: 458 Calorie; 38,7 g di grassi; 15,4 g di proteine; 6,1 g di carboidrati netti; 1,7 g di fibre;

Sottaceti di insalata di tonno

Tempo di preparazione: 10 minuti

Tempo di cottura: 0 minuti;

Dosi: 2

INGREDIENTI

- 4 sottaceti all'aneto
- 4 oz di tonno, confezionato in acqua, sgocciolato
- ¼ di calce, succhiato
- 4 cucchiai di maionese
- Stagionatura:
- ¼ di cucchiaino di sale

- 1/8 cucchiaino di pepe nero macinato
- ¼ di cucchiaino di paprika
- 1 cucchiaio di pasta di senape

DIREZIONI:

1. Preparare l'insalata di tonno e per questo, prendere una ciotola media, metterci il tonno, aggiungere il succo di lime, la maionese, il sale, il pepe nero, la paprika e la senape e mescolare fino ad ottenere un composto.

2. Tagliare ogni sottaceto a metà nel senso della lunghezza, raccogliere i semi e poi riempirlo con insalata di tonno.

3. Servire.

NUTRIZIONE: 308,5 Calorie; 23,7 g di grassi; 17 g di proteine; 3,8 g di carboidrati netti; 3,1 g di fibre;

Gamberetti Uova alla diavola

Tempo di preparazione: 5 minuti

Tempo di cottura: 0 minuti;

Dosi: 2

INGREDIENTI

- 2 uova, bollite
- 2 oz di gamberetti, cotti, tritati
- ½ cucchiaino di salsa tabasco
- ½ cucchiaino di pasta di senape
- 2 cucchiai di maionese
- Stagionatura:
- 1/8 di cucchiaino di sale

- 1/8 cucchiaino di pepe nero macinato

DIREZIONI:

1. Sbucciate le uova sode, poi tagliatele a metà nel senso della lunghezza e trasferite i tuorli in una ciotola media con un cucchiaio.

2. Schiacciare il tuorlo d'uovo, aggiungere gli ingredienti rimanenti e mescolare fino ad ottenere una buona combinazione.

3. Cucchiaiate il composto di tuorli d'uovo in albumi, e poi servite.

NUTRIZIONE: 210 Calorie; 16,4 g di grassi; 14 g di proteine; 1 g di carboidrati netti; 0,1 g di fibre;

Tilapia alle erbe in crosta

Tempo di preparazione: 5 minuti

Tempo di cottura: 10 minuti;

Dosi: 2

INGREDIENTI

- 2 filetti di tilapia
- ½ cucchiaino di aglio in polvere
- ½ cucchiaino di condimento italiano
- ½ cucchiaino di prezzemolo essiccato
- 1/3 cucchiaino di sale
- Stagionatura:
- 2 cucchiai di burro fuso, non salato

- 1 cucchiaio di olio di avocado

DIREZIONI:

1. Accendere il pollivendola e lasciarla preriscaldare.

2. Nel frattempo, prendere una piccola ciotola, mettervi dentro del burro fuso, mescolare con olio e aglio in polvere fino a quando non si è mescolato, e poi spennellare questo composto sopra i filetti di tilapia.

3. Mescolare insieme le spezie rimanenti e poi cospargerle generosamente sulla tilapia fino a quando non sono ben rivestite.

4. Mettete la tilapia condita in una teglia da forno, mettete la teglia sotto la griglia e poi cuocete per 10 minuti fino a quando sarà tenera e dorata, spennellando con il burro all'aglio ogni 2 minuti.

5. Servire.

NUTRIZIONE: 520 Calorie; 35 g di grassi; 36,2 g di proteine; 13,6 g di carboidrati netti; 0,6 g di fibre;

Tonno ripieno di avocado

Tempo di preparazione: 5 minuti

Tempo di cottura: 0 minuti;

Dosi: 2

INGREDIENTI

- 1 avocado medio
- ¼ di limone, succhiato
- Tonno da 5 once, confezionato in acqua
- 1 cipolla verde, tritata
- 2 fette di pancetta di tacchino, cotta, sbriciolata
- Stagionatura:
- ¼ di cucchiaino di sale

- ¼ di cucchiaino di pepe nero macinato

DIREZIONI:

1. Scolate il tonno, mettetelo in una ciotola e poi spezzatelo a pezzi con una forma.

2. Aggiungere gli ingredienti rimanenti, tranne l'avocado e la pancetta, e mescolare fino a quando non sono ben combinati.

3. Tagliate l'avocado a metà, toglietegli la fossa e poi riempitene la cavità in modo uniforme con il composto di tonno.

4. Top avocado ripieni con pancetta e servire.

NUTRIZIONE: 108,5 Calorie; 8 g di grassi; 6 g di proteine; 0,8 g di carboidrati netti; 2,3 g di fibre;

Salmone al burro d'aglio

Tempo di preparazione: 10 minuti

Tempo di cottura: 15 minuti

Dosi: 2

INGREDIENTI

- 2 filetti di salmone, senza pelle
- 1 cucchiaino di aglio tritato
- 1 cucchiaio di coriandolo tritato
- 1 cucchiaio di burro non salato

- 2 cucchiai di formaggio cheddar grattugiato
- Stagionatura:
- ½ cucchiaino di sale
- ¼ di cucchiaino di pepe nero macinato

DIREZIONI:

1. Accendere il forno, quindi impostarlo a 350 gradi F e lasciarlo preriscaldare.
2. Nel frattempo, prendendo una teglia da forno orlata, ungerla con l'olio, mettervi sopra i filetti di salmone, condirli con sale e pepe nero da entrambi i lati.
3. Mescolare insieme burro, coriandolo e formaggio fino ad ottenere un composto omogeneo, poi ricoprire il composto su entrambi i lati del salmone in uno strato uniforme e cuocere in forno per 15 minuti fino a cottura completa.
4. Poi accendere il pollaio e continuare a cuocere il salmone per 2 minuti fino a quando la parte superiore è di colore marrone dorato.
5. Servire.

NUTRIZIONE: 128 Calorie; 4,5 g di grassi; 41 g di proteine; 1 g di carboidrati netti; 0 g di fibre;

Pollo al rosmarino con salsa all'avocado

Tempo di preparazione 10 minuti

Tempo di cottura: 12 minuti

Dosi: 2

INGREDIENTI:

- Salsa
- ¼ di tazza di maionese
- 1 avocado, snocciolato
- 1 cucchiaio di succo di limone
- Sale a piacere
- Pollo
- 2 cucchiai di olio d'oliva
- 2 petti di pollo
- Sale e pepe nero a piacere
- ½ tazza di rosmarino, tritato
- ¼ di tazza di acqua calda

DIREZIONI E TEMPO TOTALE: circa 22 minuti

1. Schiacciare l'avocado con una forchetta, in una ciotola, e aggiungere la maionese e il succo di limone.

2. Scaldare l'olio d'oliva in una padella grande, condire il pollo con sale e pepe nero e friggere per 4 minuti su ogni lato fino a doratura.
3. Togliere il pollo in un piatto.
4. Versare l'acqua calda nella stessa padella e aggiungere il rosmarino.
5. Portare a ebollizione per 3 minuti e aggiungere il pollo.
6. Coprire e cuocere a fuoco basso per 5 minuti fino a quando il liquido si sarà ridotto e il pollo sarà fragrante.
7. Mettete il pollo nei piatti e passateci sopra la salsa di avocado con il cucchiaio.

NUTRIZIONE: Per porzione: Cal 406; Grasso 34.1g; Carboidrati netti 3.9g; Proteine 22.3g

Petti di pollo ripieni

Tempo di preparazione: 15 minuti

Tempo di cottura: 45 minuti

Dosi: 2

INGREDIENTI:

- Pollo
- 2 cucchiai di burro
- 2 petti di pollo
- 1 tazza di spinaci per bambini
- 1 carota, tritata
- 1 pomodoro, tritato
- ¼ di tazza di formaggio di capra
- Sale e pepe nero, a piacere
- 1 cucchiaino di origano essiccato
- Insalata
- 2 cetrioli, spiralizzati
- 2 cucchiai di olio d'oliva
- 1 cucchiaio di aceto di riso

DIREZIONI:

1. Preriscaldare il forno a 390 F e ingrassare una teglia con lo spray da cucina.
2. Mettere una padella a fuoco medio.

3. Sciogliere metà del burro e far soffriggere spinaci, carote e pomodori fino a quando saranno teneri, per circa 5 minuti.

4. Condite con sale e pepe.

5. Trasferire in una ciotola media e lasciare raffreddare per 10 minuti.

6. Aggiungere il formaggio di capra e l'origano, mescolare e mettere da parte.

7. Tagliare i petti di pollo nel senso della lunghezza e farcirli con il composto di formaggio e metterli nella teglia.

8. Sopra, mettere il burro rimasto e cuocere in forno fino a cottura per 20-30 minuti.

9. Disporre i cetrioli su un piatto da portata, condire con sale, pepe nero, olio d'oliva e aceto.

10. Aggiungere il pollo e versare il sugo.

NUTRIZIONE: Per porzione: Cal 621; Grasso 46.5g; Carboidrati netti 7.5g; Proteine 40.7g

Pollo alla paprika & Pancetta in padella

Tempo di preparazione: 34 minuti

Tempo di cottura: 6 minuti

Dosi: 2

INGREDIENTI:

- 1 cucchiaio di olio d'oliva
- 5 strisce di pancetta, tritate
- 1/3 tazza di senape di Digione
- Sale e pepe nero, a piacere
- 1 cipolla, tritata
- 1 tazza di brodo di pollo
- 2 petti di pollo
- ¼ di cucchiaino di paprika dolce
- 2 cucchiai di origano tritato

DIREZIONI:

1. In una ciotola, unire la paprica, il pepe nero, il sale e la senape.
2. Cospargere questa miscela i petti di pollo e massaggiare.
3. Scaldare una padella a fuoco medio, mescolare la pancetta, cuocere fino a farla dorare, per circa 3-4 minuti, e portarla in un piatto.

4. Al grasso della pancetta aggiungere olio d'oliva e cuocere i petti di pollo per 2 minuti per lato.

5. Mettere nel brodo, pepe nero, pancetta, sale e cipolla.

6. Cospargere di origano e servire.

NUTRIZIONE: Per porzione: Cal 323; Grasso 21g; Carboidrati netti 4,6g; Proteine 24,5g

Torta al limone

Tempo di preparazione: 10 minuti

Tempo di cottura: 6 ore

Al servizio: 10

INGREDIENTI:

BASE:

- 1 cucchiaino di cannella
- 1 tazza di noci pecan, finemente macinate
- 2 once (57 g) di burro, fuso

RIEMPIMENTO:

- 1 limone
- 1 tazza di panna acida

- 2 tazze di crema di formaggio
- 2 uova, leggermente sbattute
- 5 gocce di stevia
- 1 tazza di panna da montare pesante, per guarnire

DIREZIONE:

1. Fai la base: Unire tutti gli ingredienti per la base in una ciotola. Mescolare per mescolare bene. Versare il composto in un piatto a prova di calore.

2. Effettuare il riempimento: Unire tutti gli ingredienti per il ripieno in un frullatore. Lavorare fino a ottenere un impasto cremoso e liscio.

3. Versare il composto di limone sulla miscela di base. Utilizzare un cucchiaio per livellare il composto.

4. Mettere il piatto nella pentola lenta. Versare l'acqua calda nella pentola lenta intorno al piatto per circa la metà dei lati del piatto.

5. Mettere il coperchio del fornello lento e cuocere su LOW per 6 ore o fino a quando un coltello inserito nel mezzo non esce pulito.

6. Togliere il piatto dalla pentola lenta. Lasciare raffreddare per 10 minuti, poi raffreddare in frigorifero per 1 ora. Distribuire la panna sulla cheesecake prima di servirla.

CONSIGLIO: Conservare il cheesecake in un contenitore ermetico in frigorifero per non più di 5 giorni o perderà la sua freschezza.

NUTRIZIONE: calorie: 351 grassi totali: 34,3g carboidrati totali: 5,8g fibre: 1,1g carboidrati netti: 4,7g proteine: 7,2g

Caramello al cacao

Tempo di preparazione: 10 minuti

Tempo di cottura: 0 minuti

Al servizio: 12 caramelle

INGREDIENTI:

- 1 tazza di olio di cocco, morbido ma ancora solido
- ¼ di tazza di latte di cocco intero
- ¼ di tazza di cacao organico in polvere
- ¼ di tazza Swerve dolcificante stile pasticceri
- 1 cucchiaino di olio di vaniglia o estratto
- ½ cucchiaino di olio di mandorle estratto
- ½ cucchiaino di sale marino celtico

DIREZIONE:

1. Fodera una padella con carta pergamena.

2. Fai il caramello: Unire il latte di cocco e l'olio di cocco in un frullatore, poi pulsare fino a quando non diventa cremoso e liscio.

3. Aggiungere gli ingredienti rimanenti nel frullatore e il polso per combinarli bene.

4. Versare il composto nella teglia da pane e congelare in congelatore per 15 minuti fino a quando non è pronto.

5. Togliete il caramello congelato dalla teglia, quindi tagliatelo a quadretti con un coltello prima di servirlo.

CONSIGLIO: Se si desidera aggiungere un po' di sapore croccante nel fudge, è possibile mescolare alcune noci o nocciole schiacciate nel composto al punto 3.

NUTRIZIONE: calorie: 173 grassi totali: 20.1g carboidrati totali: 1.2g fibre: 0.6g carboidrati netti: 0.6g proteine: 1.1g

Barrette al burro di arachidi e more

Tempo di preparazione: 30 minuti

Tempo di cottura: 0 minuti

Al servizio: 8 bar

INGREDIENTI:

- 1 tazza di burro di arachidi
- ½ tazza di crema al cocco
- ½ tazza di more (fresche o congelate)
- 1 cucchiaio di succo di limone
- ½ cucchiaino di estratto di vaniglia

DIREZIONE:

1. Mettete tutti gli ingredienti in una casseruola e riscaldate a fuoco medio-basso fino a quando non saranno ben combinati. Mescolare costantemente.
2. Versare la miscela in un frullatore, e lavorare fino a quando la miscela è lucida.
3. Versare l'impasto su una teglia da forno foderata con carta pergamenacea.
4. Mettere il foglio in freezer per 30 minuti o fino a quando non sarà congelato.
5. Togliere i pezzi congelati dal freezer e tagliarli in 8 barrette prima di servirli.

CONSIGLIO: È possibile conservare le barre in un contenitore a tenuta d'aria in frigorifero per un massimo di 4 giorni.

NUTRIZIONE: calorie: 252 grassi totali: 21,5g carboidrati totali: 7,9g fibre: 2,8g carboidrati netti: 5,1g proteine: 8,8g

Morsi di bacca facili

Tempo di preparazione: 35 minuti

Tempo di cottura: 0 minuti

Al servizio: 6 morsi

INGREDIENTE:

- 1 tazza di olio di cocco
- ½ tazza di frutti di bosco misti (freschi o congelati)
- 1 cucchiaino di estratto di vaniglia

DIREZIONE:

1. Sciogliere l'olio di cocco in una casseruola a fuoco medio-basso.

2. Versare l'olio di cocco fuso in un frullatore, poi aggiungere i frutti di bosco e l'estratto di vaniglia. Lavorare fino a quando il composto non è lucido.

3. Versare l'impasto su una teglia da forno foderata con carta pergamenacea.

4. Mettere il foglio in freezer per 25 minuti o fino a quando non sarà congelato.

5. Togliere i pezzi congelati dal freezer e tagliarli in 6 pezzi prima di servirli.

CONSIGLIO: È possibile conservare i morsi in un contenitore a tenuta d'aria in frigorifero per un massimo di 4 giorni.

NUTRIZIONE: calorie: 342 grassi totali: 37,4g carboidrati totali: 1,9g fibre: 0,8g carboidrati netti: 1,1g proteine: 0g

Palle Matcha con cocco

Tempo di preparazione: 25 minuti

Tempo di cottura: 0 minuti

Al servizio: 16 palline

INGREDIENTI:

- ½ tazza di latte di cocco non zuccherato
- 1 cucchiaino di estratto di vaniglia
- 1 tazza di burro di cocco
- 1 tazza di olio di cocco
- 1½ cucchiaino e mezzo di tè verde in polvere matcha
- 2 cucchiai di scorza di limone biologico
- Sale marino, a piacere

- 1 tazza di cocco tritato

DIREZIONE:

1. Unire tutti gli ingredienti, tranne il cocco tritato, in una ciotola a prova di microonde. Far cuocere a microonde per 10 secondi fino a quando l'olio di cocco non si scioglie.

2. Mescolare il composto nella ciotola per amalgamarlo bene. Avvolgere la ciotola nella plastica e metterla in frigorifero a raffreddare per 1 ora.

3. Spalmate mezza tazza di cocco tritato sul fondo di una teglia da forno foderata di carta pergamenacea.

4. Togliete la ciotola dal frigorifero e modellate il composto congelato in 16 palline con un cucchiaio.

5. Arrotolare le palline attraverso la noce di cocco tritata sulla teglia da forno, quindi ricoprirle con la noce di cocco rimanente.

6. Mettete il foglio in frigorifero a raffreddare per altri 15 minuti.

7. Togliere le palline dal frigorifero e servire fredde.

CONSIGLIO: È possibile conservare le palline in un contenitore a tenuta d'aria in frigorifero per un massimo di 12 giorni.

NUTRIZIONE: calorie: 263 grassi totali: 27,8g carboidrati totali: 5,3g fibre: 3,2g carboidrati netti: 2,1g proteine: 0,4g

Biscotti al sesamo facili

Tempo di preparazione: 10 minuti

Tempo di cottura: 15 minuti

Al servizio: 16 biscotti

INGREDIENTI:

FRY:

- 1/3 tazza di edulcorante alla frutta monaco, granulare
- ¾ cucchiaino di lievito in polvere
- 1 tazza di farina di mandorle

BAGNATO:

- 1 uovo
- 1 cucchiaino di olio di sesamo tostato
- ½ tazza di burro all'erba, a temperatura ambiente
- ½ tazza di semi di sesamo

DIREZIONE:

1. Preriscaldare il forno a 375°F (190°C).

2. Unire tutti gli ingredienti secchi in una ciotola. Sbattere insieme tutti gli ingredienti umidi in una ciotola separata.

3. Versare il composto bagnato nella ciotola per gli ingredienti secchi. Mescolare fino a quando il composto ha una consistenza densa e forma un impasto.

4. Mettete i semi di sesamo in una terza ciotola. Dividete e modellate l'impasto in 16 palline da 1½", poi inzuppate le palline nella ciotola dei semi di sesamo per rivestirle bene.

5. Colpisci le palline fino a quando non sono spesse ½ pollice, poi mettile su una teglia da forno foderata di carta pergamenacea. Mantenere un po' di spazio tra le palline.

6. Cuocere in forno preriscaldato per 15 minuti o fino a quando non sarà ben rosolato.

7. Togliere i biscotti dal forno e lasciarli raffreddare per qualche minuto prima di servirli.

CONSIGLIO: È possibile conservare i biscotti in un contenitore a tenuta stagna in frigorifero per un massimo di 5 giorni, o nel congelatore per 1 mese.

NUTRIZIONE: calorie: 174 grassi totali: 17,2g carboidrati totali: 1,9g fibre: 1,1g carboidrati netti: 0,8g proteine: 3,1g

PIANO DEI PASTI DIETETICI DI 30 GIORNI

GIORNO	COLAZIONE	PRANZO	CENA
1	Frittelle alla banana verde	Manzo con spaghetti al cavolo	Fagiolo verde e Broccoli Pollo Saltato in padella
2	Pane ai frutti di bosco	Arrosto di manzo e mozzarella	Petti di pollo con salsa cremosa di cavolo riccio
3	Pane al cioccolato	Manzo e broccoli	Pollo al timo con funghi e rape
4	Cereali alla mandorla Keto	Aglio Arrosto di manzo alle erbe	Herby Chicken Dippers con ketchup fatto in casa
5	Cereali Keto Granola	Germogli Saltare in padella con cavolo riccio, broccoli e manzo	Pollo indiano con funghi
6	Cereali alla frutta Keto	Padella di manzo e verdura	Girandole al formaggio con pollo
7	Keto Chicken e Avocado	Manzo, pepe e fagiolini saltati	Filetto di manzo al rosmarino

		in padella	
8	Frittella alle mandorle Keto	Polpettone al formaggio	Manzo alla Wellington
9	Polpette Keto	Arrosto di manzo e piatto di verdure	Manzo con salsa ai funghi
10	Uova strapazzate Keto	Piatto di bistecca e formaggio	Cremagliera di agnello alle erbe
11	Purè di cavolfiore al formaggio con pancetta	Bistecche all'aglio con rosmarino	Coscia di agnello arrosto
12	Frittelle di cavolfiore al formaggio	Insalata di tonno al sesamo	Filetto di maiale ripieno
13	Tabasco Uova alla diavola	Panino al tonno Keto	Costolette di maiale appiccicose
14	Carciofi fritti al limone	Tonno Melt Jalapeno Peperoni	Zuppa di pollo e cavolo
15	Impacchi di pollo all'italiana	Bombe di grasso di salmone affumicato	Zuppa di maiale
16	Zucchine e peperoni a strati	Rotoli di salmone e cetriolo	Zuppa verde di maiale e senape
17	Cavolfiore arrosto con prosciutto Serrano e	Mahi-Mahi avvolto nella pancetta	Zuppa di pollo e cipolla facile

	pinoli		
18	Palline di formaggio al forno e spinaci	Pane all'aglio al formaggio con salmone affumicato	Zuppa di porri e tacchino
19	Croccanti bastoncini di Zucchine Croccanti di Maiale	Insalata di pasta affumicata al salmone	Zuppa di pomodoro italiano
20	Cracker al parmigiano con guacamole	Sottaceti di insalata di tonno	Zuppa di Broccoli alla crema
21	Uova alla diavola con Sriracha Mayo	Gamberetti Uova alla diavola	Zucchine e zuppa di sedano
22	Formaggio di cavolfiore al forno con salsa alla senape	Tilapia alle erbe in crosta	Zuppa verde di pancetta
23	Germogli di Bruxelles balsamici con prosciutto	Tonno ripieno di avocado	Zuppa di manzo alle erbe
24	Chipotle Jicama Hash	Salmone al burro d'aglio	Zuppa di manzo e funghi
25	Queso Blanco fritto	Pollo al rosmarino con salsa all'avocado	Zuppa di tacchino Taco
26	Spinaci con	Petti di pollo	Zuppa di

	pancetta e scalogno	ripieni	cavolfiore e agnello
27	Spiedini di salsiccia avvolti nella pancetta	Pollo alla paprika & Pancetta in padella	Zuppa di pollo al limone e erba cipollina
28	Cavolini di Bruxelles arrostiti e pancetta	Cime di rapa e pollo al carciofo	Pizza al cavolfiore con carciofi
29	Involtini di prosciutto e formaggio	Pollo con crosta di arachidi	Cunei di cavolo chili
30	Sorpresa del formaggio Hillbilly	Croccantini di pollo croccanti	Cavolfiore, porri e broccoli

CONCLUSIONE

Il modo migliore per perdere peso in modo rapido ed efficace è seguire una sana dieta chetogenica. È l'unica dieta che si è dimostrata efficace nell'aiutarvi a perdere peso velocemente, anche se non siete in forma. E 'facile da seguire e permette di godere dei cibi che ami mentre si bruciano i grassi e riducendo la voglia di cibi ad alto contenuto calorico.

Questo libro di cucina Keto Diet Cookbook è pieno di ricette deliziose e piani di pasto sia per gli individui che per le famiglie. Troverete anche informazioni dettagliate su come iniziare questa dieta, quanto peso ci si può aspettare di perdere seguendola, così come quali sono gli alimenti migliori per perdere il grasso.

Quando si trova un nuovo prodotto, si ha la tentazione di tuffarcisi dentro per provarlo. Invece, dovreste sempre prendervi il tempo di imparare di più sul vostro nuovo prodotto prima di utilizzarlo. Questo vale soprattutto per un prodotto importante come la dieta. Ad esempio, se si ha intenzione di iniziare una dieta a base di keto, è necessario imparare tutto il possibile su di esso prima di tuffarsi. Per la vostra comodità, abbiamo creato per voi un libro di ricette completo di Keto Diet Cookbook!

Una volta che si inizia la dieta keto, speriamo che questo Keto Diet Cookbook Dieta Keto contribuirà a rendere più facile per voi per preparare gustosi pasti.

La chetosi è uno stato di metabolismo che imita la fame. Quando le cellule del corpo sono affamate di glucosio da carboidrati, iniziano a convertire il grasso in energia. Il corpo risponde naturalmente rallentando il tasso di produzione di grasso nel fegato e il processo è noto come chetosi. Gli scienziati ritengono che questo possa offrire un modo più efficace per bruciare i grassi rispetto al costante esercizio aerobico.

Keto è una delle diete più popolari nel mondo di oggi. È anche una delle più controverse, e ci sono molte ragioni per cui è popolare.

Innanzitutto, la dieta è relativamente facile da seguire. Non ci sono molte restrizioni da seguire per ottenere risultati. Puoi mangiare tutti i cibi naturali che vuoi e il tuo peso non scenderà se non mangi abbastanza. Non ci sono anche zuccheri e carboidrati contenuti nel cibo che si mangia con una dieta a base di keto.

Ci sono diversi altri fattori che possono giocare un ruolo nel fatto che questa dieta è così popolare, ma non sono attualmente divulgati in questo libro. Il libro copre però alcune di queste aree, quindi se volete saperne di più su di esse, sentitevi liberi di controllare il libro online se non l'avete già fatto!

In definitiva, però, si tratta di persone che vogliono perdere peso con il minimo sforzo. Keto può essere una sfida per alcune persone perché comporta il cambiamento del modo di mangiare i pasti, ma può essere abbastanza semplice per altri. Inoltre, molte persone lo trovano vantaggioso perché trovano che i benefici superano i negativi quando si mantengono a lungo nel loro nuovo stile di vita. Se questo suona come qualcosa che potrebbe essere di beneficio per voi.

Lightning Source UK Ltd.
Milton Keynes UK
UKHW051636220321
380767UK00007B/49